Astrologie und Corona

Wilfried Teschler

ASTROLOGIE UND CORONA

Frauke & Wilfried Teschler GbR
Fon: +49 2151 9490009
Mail: info@teschler.info
https://teschler-verlag.de

ISBN: 978-3-939578-59-8

Haftungsausschluss:
Dieses Buch dient der Information über eine Methode der Selbsthilfe und Selbstfindung. Wer die, in diesem Text beschriebene, Methode anwendet, tut es in eigener Verantwortung. Weder Autor noch Verlag übernehmen eine Haftung für die Angaben, die Ausführung oder die Ergebnisse der Übungen.

Den Grund für Corona?
- ich kenne ihn nicht.
Den Ursprung von Corona?
- ich muss glauben, was man berichtet.
Die Wirkung von Corona?
- ich sehe Bilder und Statistiken im Fernsehen.

Derzeit (10. 5. 2021) besteht in Europa eine allgemeine Untersterblichkeit.

Mich interessieren die Beziehungen zwischen Corona, Mensch und Astrologie
allgemein und individuell.

Ich habe sie für mich geklärt,
... und beobachte sie weiterhin.

Interessant, interessant, finde ich.

Mit der Transformatorischen Astrologie kann man die Zusammenhänge nicht nur verstehen, man kann sie erleben
und

transformieren.

Lies, lass dich überraschen und mach mit.

INHALT

VORAB:

Die Transformatorische Astrologie habe ich zu Beginn der 80er Jahre aus einem Unmut über die Ungenauigkeit einer astrologischen Beratung heraus entwickelt.
Mir hat es Spaß gemacht, zu „tüfteln", Irrtümer zu erleben und sie aufzulösen.
Mir hat es Spaß gemacht, zu sehen und zu erleben, wie ich die Astrologie dem Klienten, dem Fragenden, dem Ratsuchenden zurückgeben konnte.

Nicht nur ich, sondern inzwischen auch viele Klienten haben wunderbar atemlose Erfahrungen mit den astrologischen Energien gemacht.
Tief, substanziell, erkenntnisreich bis in die Körperzellen hinein, das waren und sind die Erlebnisse.
Das Thema der Transformatorischen Astrologie ist uralt: Wie man aus Blei Gold macht.
Interessiert dich das?
Das ist das Gold, das niemand kaufen kann, das unbezahlbar wertvoll ist.

Darum geht es.

In diesem Text finden einige Techniken der Transformatorischen Astrologie Anwendung in Zusammenhang mit Covid 19, mit der Verbesserung der persönlichen Lebensqualität und dem allgemeinen gesellschaftlichen Klima.
Transformation ist der Geist, der über allem schwebt.

DIE BESTANDSAUFNAHME:

Eine Faktensammlung und Bestandsaufnahme sollte am Anfang immer im Vordergrund stehen. Sie ist die Grundlage späterer Handlungen. Das halte ich auch mit dem Thema Mensch, Corona und Astrologie so.

An dieser Stelle die richtige Frage zu stellen, ist einfach. Sie heißt: Was ist Sache?

Das ist der direkte Weg zu den Fakten und Verhältnissen.

Her mit der Befundaufnahme und damit zur Basis aller weiteren Aktionen.

Da fällt mir einfach so einer der vielen Sprüche meiner Großmutter ein: „Zuerst der Keller, dann das Haus!"

Klug! Halten wir uns daran.

Um die Basis astrologisch klarzubekommen, nehme man zunächst sein Geburtshoroskop zur Hand und besorge sich zudem ein Tageshoroskop. Wir benötigen es später noch.

Was man sonst noch braucht, ist immaterieller Natur.

Man braucht etwas Mut für Neues.

Man braucht Neugierde.

Man braucht ein gutes Quantum Sensibilität.

Ruhe und Gelassenheit sind auch empfehlenswert.

Grundkenntnisse in Astrologie sind empfehlenswert. Man sollte wissen, was das eigene Sternzeichen, was der Aszendent ist, und man sollte wissen, wie die gängigen Sternzeichen Mond, Saturn, Jupiter, Pluto, Uranus, Neptun, Mars und Venus mit ihren Symbolen aussehen.

Die transformatorische Astrologie hat eine für viele kaum zu überbrückende Schwierigkeit.

An der Sache scheitern so manche Astrologie erfahrene Mitmenschen.
Es findet keine Analyse und Deutung der astrologischen Symbole statt. Die brauchen wir in der Transformatorischen Astrologie (Abkürzung zukünftig: TA) nur in sehr seltenen Fällen und dann nur als Hilfestellung für gänzlich unerfahrene Klienten.

Erleben, erfahren ist der Weg in der TA. Über das Erleben kommt man zum Wissen. Dieses Wissen hat den Vorteil, dass es nicht von außen, durch Hörensagen oder durch Bücher angeeignet ist. (Ich sage damit nichts gegen Hörensagen oder Bücher lesen!).
Es sieht zunächst so aus, als ob dieses Wissen individuell und subjektiv ist. Dazu kann ich nur sagen: stimmt!
Das Wissen ist selbst erfahren und hat damit den Vorteil des direkten Erlebnisses. Man orientiert sich an den astrologischen Symbolen, die auf die astrologischen Energien hinweisen. Dann bleibt man innerhalb des Archetypus und ist in Resonanz mit der Sache und mit sich selbst.
Man vereint „die Wahrheit des astrologischen Archetypus“ mit seiner konkreten Lebenserfahrung.
Meine Methode ist die einzige astrologische Methode, in der das Ideal des astrologischen Ansatzes mit dem Konkreten des Täglichen zusammenkommt.

Der astrologisch intensiv Vorgebildete ist gewohnt, eine Analyse über die Symbolsprache anzufertigen. Hier in der TA ist das nicht nötig.
Leider ist es so, dass viele Astroanalytiker den Schritt von

der Analyse zur Hingabe an die Energien/Informationen der Astrologie scheinbar nicht nachvollziehen können und in die Negierung des Weges der Sensitiven Wahrnehmung fallen.
Wie dem auch sei, ich habe die Konditionen und Empfehlungen genannt.
Ran an den Speck!
Rein in das Thema.
Rein in die Praxis.

Die Bestandsaufnahme ist die handfeste Grundlage für alle astrologischen Impulse und Praxis in diesem Text, die Wege, Techniken und Möglichkeiten der von mir entwickelten Transformatorischen Astrologie.

Das ist der prinzipielle Weg in der Transformatorischen Astrologie:
- Die (richtige) Frage (Aufgabe) stellen.
- Die Symbole des Astrogramms als Hinweise auf energetische Zustände erkennen.
- Sich auf die energetischen Zustände einlassen.
- Die energetischen Zustände in das Bewusstsein kommen lassen und sie rational, emotional und faktisch verstehen.
- Die Erfahrungen aus der Astrologie in den Lebenskontext setzen.

Die Transformatorische Astrologie bietet einen vollkommen neuen Umgang mit der Astrologie.
Ich habe diesen Weg entwickelt, weil ich tiefer in die Fakten und Zusammenhänge der Astrologie einsteigen wollte, als es mir mit der analytischen Astrologie möglich scheint.

Aus diesem Bedürfnis und der daraus entstandenen Motivation ist über viele Jahre hinweg eine umfassende Methode geworden.
Erleben, erfahren, Hingabe, emotionale Auseinandersetzungen, körperliches Erleben ist der Weg.
In der Transformatorischen Astrologie gehen wir den Weg von der Erfahrung zum Wissen und nicht, wie es in der analytischen Astrologie üblich ist, vom Wissen zur Erfahrung.
Ich würde mich freuen, wenn du anhand dieses Textes, den darin enthaltenen Gedanken und Übungen den Weg zur Transformatorischen Astrologie findest und sie schätzen lernst.
Komm, mach mit und steig ein.
Lass dich überraschen.

DIE ENERGIE DES ASTROGRAMMS KENNEN-LERNEN

Um einen Zugang zu allen Energien des eigenen Geburtshoroskops zu bekommen, sollte man sich auf jeden Fall auf sein gesamtes Energiefeld einlassen.

So bekommt man einen bewussten Zugang zu sich, zur Gesamtheit der astrologischen Energien, die wirklich mehr ist als die Summe der Einzelteile.

Im kleinsten Teil des Horoskops ist diese Gesamtheit ebenso enthalten wie in großen Bereichen. Diese Gesamtheit benötigt auch den kleinsten Teil, um genau so zu sein, wie sie im Hier und Jetzt ist. Wäre der kleinste Teil anders oder würde fehlen, wäre das Ganze ein anderes Ganzes mit einem anderen Flair, mit einer anderen Grundaussage, mit einer anderen Substanz und einer anderen Sinnhaftigkeit.

Je mehr und tiefer du dich auf die Energie des Astrogramms einlassen kannst, desto umfassender ist die Erfahrung der Ganzheit. Es ist nicht irgendeine Ganzheit, es ist deine Ganzheit.

Je umfassender du dich auf die Energie, auf dich einlässt, desto klarer und wacher bist du.

Manchmal bleibt man an einem Symbol oder in einem Bereich des Astrogramms hängen, weil man es interessant findet, oder es hält den Blick fest und signalisiert: „Kümmere Dich um mich." Das ist verständlich, doch wenn man die gesamte Energie in Erfahrung bringen möchte, sollte man dem nicht nachgeben.

Ich empfehle, sich auf alle Bereiche des Astrogramms zu konzentrieren und Schritt für Schritt zu lernen, sich auf sie

einzulassen und sie zu erleben. Es ist ein Weg der Akzeptanz. Es ist für viele nicht möglich und machbar, in einem Durchmarsch bis zu dem Punkt zu kommen, an dem man sagen kann: „Ich habe es."
Deswegen: Lass dir Zeit.

Lass das Herz ruhig werden, es wird schon kommen.
Zuversicht in diesen Dingen hat sich schon oft gelohnt.
Der Zugang kann sich unmerklich - sanft, in Stufen oder wie aus heiterem Himmel eröffnen. Was, wie und in welcher Reihenfolge „es" stattfindet, lässt sich nicht vorhersagen. Es ist abhängig von einem Konglomerat aus Sensibilität, geistiger Verfassung, dem Willen, der vorhandenen bewussten und unbewussten Angst, von dem Manipulationsbedürfnis, wie auch davon, ob und welche Medikamente man nimmt, und sicher auch noch von anderen Dingen, die mir jetzt zur Aufzählung nicht in den Sinn kommen.
Eines möchte ich dennoch erwähnen: Die potenzielle Kopflastigkeit eines analytisch arbeitenden Astrologen kann der Hingabe an die Energie, die man selbst ist, gewaltig im Wege stehen.
So sehe ich den Hintergrund: Es ist in unserer Kultur normal, dass der Mensch sich selbst fürchtet. Es wird uns von Kindesbeinen an beigebracht, dass wir „irgendwie schlecht" sind, dass das Körperliche unter dem Geistigen steht, dass man sich die Erde untertan machen muss, statt sich ihr und dem Leben hinzugeben.
Jeder trägt persönlich die Folgen unserer Kultur, und (fast) jeder stärkt dieser Kultur den Rücken mit den entsprechenden persönlichen und allgemeinen Ergebnissen.

EIN WUNSCHTRAUM: DIESE GESELLSCHAFT WILL ICH!

Ein Bild, einen Wunschtraum für eine Gesellschaft und ein Miteinander, wer hat das nicht?

Vielleicht nicht bewusst und als fertiges Gesellschaftssystem, doch so im Kleinen, mit schönen, netten, persönlichen Wünschen und Dingen, an denen man andere auch teilhaben lassen kann. Vielleicht hast du dir im Laufe deines Lebens mehr Gedanken dazu gemacht?

Vielleicht bist du von der christlichen Sozialethik, von den Gedanken von Marx und Engels oder Hobbes geprägt, vielleicht bist du pazifistisch – utopistisch oder rein Grün orientiert oder rein kindlich: „Ich will (wir sollen) es schön haben."

Wie dem auch sei, ob die Wunschträume bewusst oder unbewusst sind, sie stimmen sehr wahrscheinlich nicht mit der derzeitigen, pandemisch geprägten gesellschaftlichen Situation überein.

Es gibt standardmäßig zwei Umgangsweisen mit nicht angenehmen Verhältnissen.

Die eine ist: „Ich ordne mich ein und unter."

Die andere ist: „Ich rebelliere."

Die jeweiligen Vertreter der Richtungen finden ihre Umgangsweise richtig, sinnvoll und gut.

Bei Lichte betrachtet entspringen beide grundsätzlichen Haltungen der gleichen inneren Instanz.

Man kann diese Instanz das „Innere Kind" nennen. Gleich wie man sie nennt, diese Instanz ist nicht die des reifen, klugen Menschen.

Mir geht es in diesem Text auch darum, mit Hilfe der Astrologie an den reifen, klugen Menschen zu erinnern und ihn zu fördern, auch wenn das zunächst wild, fremd, komisch und auch unlogisch erscheint.
Ich habe ein persönliches Interesse daran, dass möglichst viele Menschen im guten Sinne des Wortes „erwachsen" sind und entsprechend agieren. Mit innerlich erwachsenen Menschen kann ich besser, klüger, friedfertiger und mit mehr Perspektive zusammenleben.
Das möchte ich.
Jeder hat die Möglichkeit, ein Erwachsener zu werden, nur muss man sie auch nutzen.

In diesem Text gibt es Vorschläge zu Wegen, zu Informationen, Inspirationen und Visionen, die jeder sich selbst erarbeiten kann.
Der erste Schritt, klug und erwachsen zu werden, ist die Hingabe an sich selbst, in unserem Falle genau gesagt an das eigene Geburtshoroskop. Wie man das macht, habe ich im vorigen Kapitel beschrieben.
Es ist eine breit angelegte Bestandsaufnahme.
Gehen wir im nächsten Schritt in die Einzelheiten.
Bin ich an Covid 19 erkrankt?

Vielleicht interessieren dich diese Fragen:

BIN ICH AN CORONA ERKRANKT?

Was kann ich tun?
Wie schwer kann/wird die Krankheit werden?
Werde ich daran sterben?
Willst du das wirklich wissen?
Dann solltest du zunächst einmal definieren, was Krankheit ist oder einen Mediziner dazu befragen.
Sie können es vielleicht beantworten. Bei unterschiedlichen Medizinern könnten die Antworten unterschiedlich bis gegensätzlich ausfallen, macht nichts, es sind die Antworten von Medizinern.

Ich halte mich aus der Diskussion raus.
Ich mache sie nicht zu meiner Sache, und es ist auch nicht die Sache der Astrologie, Krankheit zu definieren, finde ich.
Mein Thema und meine Aufgabe, die ich mir gestellt habe, sind Hilfsangebote mit Astrologie zu formulieren und zu verbreiten.
(Hinweis: In unserer Gesellschaft kursiert die „kleine" Lüge, dass man krank ist, wenn ein Coronatest positiv ist. Na ja, ich werte es als kleine Notlüge, um die Menschen zu disziplinieren. Frage dazu: Ist dir klar, dass du keine Grippe oder Herpes oder Fußpilz hast, auch wenn du den Virus, einen Pilz oder eine entsprechende Bakterie in dir trägst?
Wer den Fußpilz hat, hat den Pilz mit Sicherheit, doch wer den Pilz hat, hat noch lange nicht „Fußpilz".)
Doch weiter mit unserem Hauptthema und wie man dem näher rücken kann.
Was man mit der Astrologie herausfinden kann, ist die Ant-

wort auf die Frage: „Was macht das Coronavirus mit mir?“
OK, gute Frage.
Der Frage möchte ich sogleich eine weitere Frage zur Seite stellen:
Was machen, neben dem Virus selbst, die Information, die Gespräche, die Politik, das allgemeine Klima rund um Covid 19 mit mir?
Das ist sicherlich auch eine gute Frage.
Fragen, die man mit den Möglichkeiten der TA beantworten kann.
Versuchen wir es.

IST DAS CORONAVIRUS IN MEINEM GEBURTSHOROSKOP UNTERWEGS?

Das ist eine Frage für die Mutigen unter uns.
Wer sich diese Antwort besorgen und sich ihr stellen möchte, geht folgendermaßen vor:

- Das eigene Geburtshoroskop zur Hand nehmen.
- Sich wie im Kapitel „Die Energien des Astrogramms kennenlernen“ beschrieben auf alle Energien einschwingen, möglichst bis das Erleben eines emotionalen Sättigungsgrades erreicht ist.
- Ist dieser (mindestens annähernd) erreicht, macht man eine Pause und lässt das Erleben sich setzen. Vielleicht resümiert man auch noch, welche Befindlichkeit die grundlegenden Informationen auslösen und was sie für einen persönlich bedeuten.
- Man sollte bereit sein, sich mit seiner ganzen Dreistigkeit und Frechheit der Antwort zu widmen.

(Ich schreibe dies, weil mir bekannt ist, dass sich so mancher

scheut, das, was in seinem Astrogramm die Wahrheit ist, zu realisieren.)
- Man lasse den Blick über das Geburtshoroskop mit der inneren Fragestellung: „Wo ist hier das Coronavirus?“ gleiten.
- Vielleicht dauert es einige Augenblicke, vielleicht fällt der Blick auf einen Planeten, einen leeren Bereich, eine Konstellation. Es besteht auch die Möglichkeit, dass die Aufmerksamkeit auf mehrere Planeten gleichzeitig oder auf Planeten, Bereiche nacheinander fällt.
- Was du auf keinen Fall tun solltest, ist dich dem astrologischen Wissen, was du über den Virus z.B. im Internet gelesen hast, hinzugeben. Das ist vielleicht nicht einfach, vertraue dir und deiner Wahrnehmung. Natürlich kann es trotzdem sein, dass das Gelesene mit der Erfahrung übereinstimmt. Ist das der Fall, erlebt man die Erfahrung als bedeutend beeindruckender und kongruenter mit sich als das Gelesene.

Hat man den Punkt oder Bereich des Coronavirus im Horoskop gefunden, empfehle ich, eine kurze Pause zu machen und dann zu dem Punkt mit der Frage zurückzukehren: „Ist das wirklich der Punkt des Corona Virus?“
In den allermeisten Fällen wird eine gefühlsmäßige Bestätigung aufkommen und bleiben.
Falls nicht, welche Information ist in dem Punkt in dem Bereich / Planeten, ... zu finden, wenn er nichts mit der Coronathematik zu tun hat?

Mit Sicherheit hat das innere Wissen diese Antwort auf die Frage nicht zufällig ausgewählt.
Gleich ob der Punkt/Bereich eine Antwort auf eine nicht

gestellte Frage ist oder nicht, lasse dich auf die Information und Energie (was gleichbedeutend ist) ein. Diese Information ist wahrscheinlich sehr wichtig für dich, denn dein Inneres Wissen hat dich zu der Information geleitet.
Erlebe, spüre, lerne kennen.

Zunächst einmal:
Wie wirkt es?
Wie geht es dir damit?
Wo ist es körperlich spürbar?
Lasse es wirken und erfahre den Zustand, die Intensität und das „Feeling".
Sagt dieses Erleben auch etwas über dich aus?
Was löst die spürbare Resonanz aus? Kannst Du das feststellen?
Es kann sein, dass die Abwesenheit des Coronavirus erlebt wird.
Man sucht, sucht und sucht nach dem Punkt des Coronavirus und findet eine zunächst irritierende Information.
Man findet die Information der Nichtinformation (über den Virus) im Astrogramm.

Das ist ein Phänomen, was meines Wissens von dem österreichischen Philosophen, Psychotherapeuten und Kommunikationswissenschaftler Paul Watzlawick mit dem Satz: „Keine Information ist auch eine Information" formuliert wurde. Manchmal fällt es schwer, das Phänomen der Nichtinformation auch als Information zu erkennen und zu erleben.
Die Information der Abwesenheit des Coronavirus kann für

viele wie eine Erlösung sein.
Doch halt! Wir sind noch nicht mit dem Thema zum Ende gekommen.

Die Resonanz, die signalisiert: „Hier ist ein Virus“, kann genauso falsch sein, wie die Information: „Hier ist kein Virus.“
Bitte?
Was?
Ja, das kann sein.
Man kann meinen, es wäre irreführend oder schlimm.
Doch halt! Gehe bitte davon aus: Deine Wahrnehmung der Resonanz aus dem Geburtshoroskop ist korrekt!

Erst wenn man ihr vollständig auf den Grund gegangen ist und sich nichts mehr bewegt, dort wo selbst die Nichtinformation nicht mehr vorhanden ist, da ist sehr wahrscheinlich die Wahrheit.
Die Wahrheit nenne ich das Weder - Noch.
Der Unterschied ist deutlich spürbar. Wo das Weder – Noch ist, ist die Anbindung an die Information des Vorhandenseins oder des Nichtvorhandenseins des Virus nicht erlebbar.
Schwierig, schwierig und trotzdem nachvollziehbar?

Man ist die Weder – Noch Erfahrung seltenst gewohnt, weil sie einen hohen Grad an Wachheit, Hingabe und Bewusstheit voraussetzt.
Das ist mir bekannt.
Die Weder – Noch Erfahrung wird im Erleben weder positiv noch negativ wahrgenommen. Sie wirkt sehr wahrscheinlich befremdlich und kann verunsichern.

Wer die Erfahrung hat, dem ist klar: Hier ist der Boden der Realität.
Was habe ich vorhin als Virus erlebt?
Was mache ich denn nun mit dem Virus?
Habe ich einen Virus oder habe ich ihn nicht?
Was du erlebt hast, ist die Resonanz mit dem, was dir im Geburtshoroskop als Virus gespiegelt wird. Das kann der Glaube an ein Virus, das Virus selbst, das, was du für das Virus hältst oder die von außen eingepflanzte Hypnose, dass du einen oder keinen Virus hast, sein.
Was nun?
Lasse dich vollends auf die Information, die über das Geburtshoroskop gespiegelt wird, ein.
Möglichst so lange, bis du den Weder-Noch-Zustand erlebst.

Was soll das ganze Gehampel mit der Resonanz um das Virus und so ... ?
Der Sinn und Zweck war und ist die Erlösung von blockierten Energien und ein Mehr an Bewusstheit und körperlicher, emotionaler und geistiger Freiheit. Gleich was du an Information vorher in dir hattest, sie war gebunden, und du warst an sie gebunden. Ist sie im Weder – Noch Zustand, ist die Energie frei und ungebunden und du mit ihr.
Das ist eine Art, die Vorteile der Arbeit mit der Transformatorischen Astrologie zu nutzen.
Es gibt noch andere Möglichkeiten:

SO HALTE ICH DAS VIRUS FERN

Man kann diese Informationen aus dem Geburtshoroskop

holen, weil das Geburtshoroskop auch ein Spiegel der inneren Weisheit und der äußeren gesammelten Lebenserfahrung ist.

Man meint, man müsse sich vor dem Virus schützen.

Man muss, man sollte, man kann sich vor dem Virus schützen.

Ob man erfolgreich ist, zeigt das Leben.

Viele meinen, man solle sich vor den überbordenden Informationen der Ärzte und Regierungsorganisationen schützen.

Für manche sind solche Gedanken wie ein fremder Geist, der von einem Besitz ergriffen hat und den man nicht loswerden kann.

Na ja, es ist wahrscheinlich auch so, dass man sich vor dem Virus schützen sollte. Ich habe aus der Presse entnommen, dass erst eine bestimmte Viruslast zum Ausbruch der Krankheit Covid 19 führen soll.

Also, was tun?

Glaube mir, dir ist die Lösung bekannt. Dir ist bekannt, wie du dich wirklich schützen kannst. Im Geburtshoroskop findest du genügend Inspiration.

Nimm dein Geburtshoroskop zur Hand und schwinge dich, wie schon bekannt, auf die gesamten Energien ein.

Hast du sie in Erfahrung gebracht, machst du eine kleine Pause. Dann nimmst du das Geburtshoroskop wieder zur Hand und lässt dich zu dem Sensitiven Punkt / Bereich, den Planetenbeziehungen leiten, die dir signalisieren, wie du dich schützen kannst. Schließe auch die Tipps und Informationen, die durch die Presse und das Internet geistern, ausdrücklich nicht aus.

Die Inspiration, die du dir aus dem Astrogramm abholen kannst, kann von Jogging über eine bestimmte Medizin, gurgeln, gar nichts unternehmen oder ständig zu Hause bleiben gehen. Manchmal sollte man Sport intensivieren, manchmal länger und öfter schlafen oder meditieren oder sich vielleicht sogar impfen lassen.

Es gibt sicherlich mehr Beispiele und Möglichkeiten, als ich hier nennen kann.

Es kann auch sein, dass du mehrere Punkte ansteuern solltest, und jeder Punkt / Bereich eine andere – mehr oder weniger wichtige - Information für Dich bereithält.

Vielleicht ist es auch so, dass mit der Aufmerksamkeit auf den angesteuerten Punkt / Bereich im Astrogramm das positive Energiefeld wächst und körperlich – emotional oder geistig stark und durchgreifend wird. Mit dieser Technik ist es auch möglich, die Abwehrkräfte zu stärken. Das ist abhängig davon, wie deine Intention orientiert ist, ob eine solche Stärkung für dich sinnvoll und bereichernd ist. Das alles steuerst du aus deinem inneren Wissen heraus.

Vertraue dir.

Vielleicht werden die eigenen Abwehrkräfte so stark, dass du das Gefühl hast, das Virus kann sich zwar einnisten, bei dir jedoch nichts ausrichten.

Vielleicht kommt etwas ganz Ungewöhnliches als Lösung und Weg, ich kann es nicht wissen.

Probiere es aus, mache die Erfahrungen. Sich eine positive, aufbauende Inspiration zu besorgen und sie umzusetzen, ist wahrscheinlich besser als nichts zu tun.

Ich schlage dir den Weg des inneren Wissens mit Hilfe der Astrologie vor.
Tipp: Wiederhole diese Übung immer wieder, zunächst in kürzeren Abständen, und dann immer wieder, wenn du ein gutes Gefühl für die Übung hast.
Für die Wiederholungen gibt es mehrere Gründe:
Mit jeder Übung wird deine Wahrnehmungskapazität besser und differenzierter. Mit jeder Übung wirst du wahrscheinlich tiefer in die Informationen und Energien einsteigen.
Mit jeder Übung bist du besser trainiert, um die Inspirationen aufzunehmen und zu verarbeiten.
Außerdem änderst du dich mit der Zeit. Die Lebensbedingungen ändern sich (vielleicht), und das Virus kann mutieren. Mit jeder weiteren Übung dieser Art holst du dir die Inspirationen, die der Zeit und den Bedingungen angemessen sind.
Lass dich darauf ein, das Leben ist so oder so oder noch ganz anders, doch immer ein Abenteuer, verantwortlich bist du immer für alles, was du tust oder lässt.

Hole dir die für dich passenden Informationen, probiere sie aus und/oder beherzige sie.
Es liegt alles in deiner Hand.
Ist das so?
Nein, es ist nicht so, dass alles in deiner Hand liegt.

EXKURSE

Ich meine, es ist klug, im Kontext sinnvoll und erhellend, an dieser Stelle Exkurse, das sind Themen, die nicht direkt mit Corona und Astrologie zu tun haben, sondern grundsätzlicher Natur sind, einzuschieben.

Die Exkurse dienen der Klärung der Wertigkeit und Möglichkeiten der Transformatorischen Astrologie und der Klärung des Verhältnisses zur analytischen – deutenden Astrologie.

Ich erkenne vier Ebenen der Realität. Hier sind sie kurz und prägnant dargestellt:

Die erste Ebene ist die der Idee.

Die zweite Ebene ist die des Konzepts.

Die dritte Ebene ist die Ebene der Ausformung/Ausgestaltung.

Die vierte Ebene ist die Ebene der Dinge.

Man kann diese Einteilung (mit anderen Worten) in der Kabbala, im I Ging und in vielen alten Schulen wiederfinden. Sie ist fest in unserer Kultur verankert.

Die ersten beiden Ebenen sind eindeutig immaterieller – geistiger Natur.

Aus der Idee entwickelt sich ein Konzept.

Die Idee ist immer Eins. Dem Konzept kann man die Zwei zuordnen.

Idee und Konzept finden „im Kopfe" des Menschen, man kann auch sagen: im Kopfe des „Realität schaffenden" Menschen statt.

Die Ebene der Idee ist energetisch feiner als die Ebene des Konzeptes.

Die Ebene des Konzeptes bedeutet Differenzierung, Vergröberung und einen Schwingungsabfall der Ideenebene.

Nun kommt in meinen Blick das für dieses Buch Wichtige:

Die analytisch – deutende Astrologie ist auf den ersten beiden Ebenen zu Hause.

Sie ist energetisch – geistiger Natur.

In und mit ihr findet das Verstehen, das Erkennen und auch

die Erkenntnis statt.
Entsteht eine Idee aus dem Nichts und tritt den Weg zu ihrer Verwirklichung in die Materie an, muss sie den Weg über die Ebene des Konzeptes gehen.

Die Energie des Konzeptes bildet sich auf der dritten Ebene, der Ebene der Ausgestaltung, zum ersten Mal zur Materie aus. Man kann es auch so ausdrücken: Die Energie des Konzeptes „weiß" nichts von Materie, bis sie einen Schwingungsabfall erfährt. Der Schwingungsabfall geschieht in die Ebene der Ausgestaltung hinein.
Nicht die Dinge werden ausgestaltet (gemacht, geformt), sondern das Konzept erfährt seine Ausgestaltung. In dieser Phase bestehen noch einige Möglichkeiten der Änderung von Form und Inhalt.
Auf der Ebene der Dinge findet die Idee ihre endgültig realisierte Form und ist materiell festgelegt. Man kann sagen, die Idee hat sich in der Materie gefunden.

EIN BEISPIEL:

Idee: Freiheit
Konzept: politische Freiheit, persönliche Freiheit, Gedankenfreiheit, ...
Ausgestaltung: unterschiedliche Parteien, Akzeptanz vieler Ansichten, das Grundgesetz, Vielfalt von Farben, unterschiedliche Sportarten, ...
Form und Inhalt der Idee Freiheit: Hier gibt es so viele Möglichkeiten, wie ich sie nicht benennen kann.
Auf den ersten beiden Ebenen ist, wie gesagt, die analytische - erkennende Astrologie zu Hause.

In einer Beratung werden die Dinge beim Metanamen genannt. Wenn man hinschaut, zu welchen Ebenen die Worte und Bezeichnungen gehören, sind es immer Worte der ersten oder zweiten Ebene.
Das konkret Materielle wird aus den ersten beiden Ebenen abgeleitet.

Das hat zur Folge, dass man für Prognosen nur Metabegriffe der Sprache verwenden kann. Bei aller Ehrlichkeit muss man sagen, dass man eigentlich nur rätseln kann, wie sich die anfassbare Realität darstellen wird.

Anders herum kann man jederzeit von einem Ding über die Ausgestaltung über das Konzept zur Idee vordringen.
Den Weg von den Dingen, Formen/Inhalten zurück zur Idee gehen wir in der Transformatorischen Astrologie.

Das ist der Weg:
Von der Bestandsaufnahme = Fakten / Dinge = Virus
zur Ausgestaltung = Erlebnis
zum Konzept = Erkenntnis
zur Idee = erste Energiestruktur

Die Werkzeuge sind Wachheit, Hingabe oder auch die Bewusstwerdung und Identifikation der Energie der jeweiligen Ebene.
Übernehme ich die Energie einer Ebene, oder gebe ich mich ihr hin, erfahre ich die Inhalte der Ebene in meinem Bewusstsein.
Doch dazu muss ich die Haltung der Analyse und der Be -

Zeichnung aufgeben und das Er – Leben zulassen. Das ist eine gänzlich andere Vorgehensweise, als die Bezeichnung der astrologischen Zeichen zu erlernen und sie in Worte zu bringen.
Wachheit und Hingabe kann man lernen und trainieren, so wie man auch die astrologische Symbolsprache erlernen kann.
Bei Lichte betrachtet ist es so: Wenn man „die Welt“ und die Dinge begreifen und erfassen möchte, muss man bei den Dingen körperlich und emotional anfangen und dann erst in die Abstraktion (die Metaworte) gehen.
In der abstrahierenden Astrologie wird das körperlich - materielle aus den höheren Ebenen abgeleitet. Das Verstehen der Dinge und die Ausgestaltung finden per Möglichkeit und Phantasie statt.
Die „untersten“ Ebenen, die das Leben selbst sind, finden nicht oder nur als – wie gesagt - Ableitungen statt.

In der TA besteht die Möglichkeit, alle Ebenen zu erfahren und damit ein Gesamtbewusstsein zu entwickeln. Mit den Möglichkeiten der TA kann ein Mensch aus seiner Dumpfheit (alchemistisches Blei) alle Ebenen durchlaufen, sich ihrer bewusst werden, sie adäquat ändern und in die Bewusstheit (alchemistisches Gold) kommen.

HINGABE UND INNERES WISSEN

Hingabe und inneres Wissen, große Worte, oft benutzt, nicht immer verstanden.

Hingabe ist eine Art der Aufgabe, jedoch nicht durch äußere Bedingungen provoziert und herbeigeführt, sondern freiwillig, aus sich selbst heraus.

Außerdem: Wer tief in seiner Hingabe verwurzelt ist, der verspricht sich nichts davon. Und wer sich was davon verspricht, der gibt es im Laufe des Prozesses der Hingabe einfach so auf.

So kenne ich es, und so kann ich es auch nur empfehlen.

Wenn sich jemand an die Energien des eigenen Geburtshoroskops hingibt, dann - vielleicht ist es schon hier und da aufgefallen – gibt er / sie sich an sich selbst hin.

Der Mensch erfährt sich selbst.

Im Kleinen, wenn er einzelne Aspekte im Astrogramm ansteuert oder im Ganzen, wenn er sich der Gesamtheit der Energien im Astrogramm hingibt.

Der Mensch erfährt sich selbst.

Zunächst nicht in seinem absoluten Sein sondern in seiner relativen Existenz.

(Existenz ist ein Wort mit lateinischen Wurzeln und heißt sinngemäß übersetzt: außerhalb von einem Etwas. Was dieses Etwas ist, dazu später noch.) Das absolute Sein ist eines der „Dinge", die nicht im Geburtshoroskop „verzeichnet" sind. Man könnte, wenn man wollte, es in der Mitte des Astrogramms vermuten. Das ist jedoch eine zu begrenzte Sicht, weil es überall im und außerhalb des Horoskops ist.

Es ist nur durch Meditation und das Weder – Noch zu erreichen und zu erfahren.
Die relative Existenz ist direkt erfahrbar. Jeder Mensch kann sie sich zugänglich machen. Jeder Mensch kennt und „weiß" sie, bewusst oder unbewusst. Weil jeder Mensch sie kennt und um sie weiß, kann man sie auch das innere Wissen nennen.
Um sie erfahren und nutzen zu können, ist ein gewisser Grad an Wachheit und Hingabe an das innere Wissen notwendig.
Hingabe, Wachheit sind nicht voneinander zu trennen. Ein schlafender Mensch kann so viel Hingabe üben, wie er will, er bringt immer nur so viel in Erfahrung, wie sein Schlaf- oder Wachzustand es zulassen.
(Hier ist selbstverständlich nicht der nächtliche Schlaf angesprochen, sondern die innere Wachheit, die gleichbedeutend mit der Anwesenheit des Menschen im Menschen ist.)

Es gilt die Gesetzmäßigkeit: Je wacher der Mensch ist, desto anwesender ist er.
Und: Um Hingabe ausüben zu können, muss ein Mindestmaß an Wachheit vorhanden sein.

Der Mensch kann sich entscheiden, ob er die Symbolik des Astrogramms als Fingerzeige und Hinweisschilder zu den dahinter stehenden Energien nimmt oder nicht.
Nimmt er sie als Hinweise und nutzt er sie, hat er Zugang zu seinem inneren Wissen.
Nimmt der Mensch das Astrogramm als Landkarte und die Symbole als Hinweise, kann er seine Inhalte Schritt für Schritt und Ebene für Ebene kennenlernen.

Er kann sich kennenlernen, bis er die Ebene des Seins erreicht hat.
Dort ist weder ein Etwas noch ein Nichts.
Diesen Weg kann man mit den Techniken der Transformatorischen Astrologie gehen.
Man kann den Weg „durch das Astrogramm gehen", doch niemand muss das machen. Ich beschreibe den Weg in seiner prinzipiellen Art und als Möglichkeit zu sich selbst (zurück) zu kommen.
Ist man dort angelangt, akzeptiert man Covid 19 (mit allen Ablegern). Man akzeptiert die Maßnahmen der Regierung oder man akzeptiert sie nicht, man stirbt an Covid 19 oder man stirbt nicht daran.
Im Leben des gänzlich wachen Menschen ist alles gleich – gültig.
Alles, wirklich alles hat seinen Platz gefunden.
Der wache Mensch entscheidet, ohne zu entscheiden, was er tut oder lässt.
Das mag kryptisch klingen, ist jedoch die einzige mir bekannte Art und Weise, es auszudrücken. Für diejenigen, die es kennen, sind es klare Worte, für alle anderen können es Hinweise auf Möglichkeiten sein.
Nicht dass ich der Meinung bin, die analytisch – deutende Astrologie wäre Unsinn. Ich finde diese Art der Astrologie unentbehrlich, wenn man eine Situation hat, die man analysieren und verstehen will und vielleicht sogar muss.

UND NOCH EIN EXKURS:

TA ist nicht für alle möglich. Das ist mir wichtig zu erwähnen. Um Transformatorische Astrologie praktizieren zu können, sind Ruhe, Liebe (zu sich), Neugierde/Wissensdurst, ein Ho-

roskop vom eigenen Geburtsaugenblick und Grundkenntnisse in der Astrologie notwendig.
Die Möglichkeit, immer ein Stück wacher zu werden, sollte gegeben sein, und man sollte sie sich als Chance einräumen.
Wer wirklich wissen will und nicht an der Oberfläche des Beobachtens und Wissen herumkratzen möchte, muss sich auf die Energien seines Geburtshoroskops einlassen.
Hier steht das „How to do it." Die Erfahrungen mit der Coronathematik können einen ersten handfesten Zugang bilden.
Das kann man machen, indem man sich die Frage stellt:

IST DAS CORONA VIRUS IM TAGESHOROSKOP ZU FINDEN?

Das ist eine gänzlich andere Frage als: Bin ich an Covid 19 erkrankt? Du wird es gleich sehen!
Man kann mit solchen emotional stark geladenen Fragen schnell Opfer seiner Phantasie werden!
Wenn man wissen will, kann man schnell sein Wissen (oder ist es die Vermutung?) auf das Tageshoroskop projizieren.
Einfach, still und leise, man merkt selbst noch nicht einmal, was da passiert.
„Ich sehe den Virus und die Pandemie ganz deutlich, es ist die Verbindung von Pluto und Neptun.
Das habe ich auch im Internet gelesen."
So was habe ich schon oft zu hören bekommen, wenn ich mit Menschen die Auseinandersetzung mit dem Tageshoroskop trainierte.
Welche Leichtgläubigkeit, welch eine Buchstaben- und Autoritätsgläubigkeit.

Um dem entgegen zu wirken, habe ich hier eine differenzierte Auseinandersetzung mit Corona im Tageshoroskop niedergeschrieben.
Sie ist auf den Punkt gebracht. Ich hoffe, sie ist so weit hilfreich, dass möglichst keine Irrungen oder Wirrungen, keine Phantastereien, politisch oder persönlich gefärbte Projektionen zu passieren brauchen.
Wer mit „Corona im Tageshoroskop" arbeiten möchte, sollte dieses Kapitel mehrmals langsam lesen.

Das Tageshoroskop ist der Spiegel der Energien, die im Laufe eines Tages im angegebenen geografischen Bereich wirksam sind.
Man kann ein Tageshoroskop so sehen, dass das Leben die Aufgabe >>das Tagewerk<< stellt, mit den Energien umzugehen.
Dabei gibt es kein Gut, kein Böse, keine Verpflichtung, etwas zu erreichen oder zu lassen.
Es ist einfach so. Es ist so, wie es ist. Es wirkt so, wie es wirkt.
Es gibt auch die Energien, Verhältnisse, Tatsachen, die heute >am heutigen Tag< nicht aktiv sind (nicht erscheinen). Sie sind dennoch vorhanden. (In jedem Horoskop sind immer alle Energien gespiegelt [natürlich auch, wenn das jeweilige Symbol nicht angezeigt ist].) Ob man in Resonanz damit tritt, ist eine andere Sache.

Differenzierter betrachtet ist es so, dass man nicht nur die externen Energien realisiert, man erkennt auch die Projektionen, die man auf die Tagesenergien „wirft". Selten kann jemand die „objektiven" Energien von den projizierten Energien unterscheiden. Man hält (meist) alles für von außen wirkenden Einflüssen / Energien / Tatsachen. (Einwurf: Es ist „unter dem Strich" so, dass es keine objektiven Energien, sondern nur Projektionen gibt, weil sich alles innerhalb des Bewusstseins des Menschen abspielt. > Doch dazu vielleicht mehr zu einer anderen Zeit und an einem anderen Ort.)

Wie dem auch sei.
Astrologisch als einwirkende Tatsachen, Verhältnisse und Energien oder mit schon umfangreicherem Bewusstsein

betrachtet, kann man zum weiteren Energieausgleich zwischen Innen (Mensch) und Außen (Umwelt) kommen:
Nimm das Tageshoroskop, komm zur Ruhe, nimm das Energiefeld des Horoskops als eine Einheit wahr.
Realisiere, dass es Energien sind, mit denen Du Dich konfrontieren kannst.
Wenn Du willst und Du es für richtig hältst, konfrontiere Dich. Bis nichts mehr bleibt, nur Du selbst.

Was tun?
Wenn ich mir jetzt, wo ich das schreibe, das Tageshoroskop (Krefeld, 12. 5. 2021, Uhrzeit 16:45) mit meinem Programm auf den Bildschirm nehme, sehe ich den Virus und die Pandemie eindeutig von der Jupiterenergie angezeigt. Interessant finde ich, dass der Jupiter beinahe gradgenau zwischen Wassermann und Fische (Placidus) steht. Seine Energie in Zusammenhang mit der Coronapandemie ist sehr dünn. Sein „Gesicht“ ist sehr schmal und wirkt verhungert. Er könnte mir bald leidtun, so wenig Substanz hat der große Jupiter im Zusammenhang mit der Coronathematik bekommen.
Ich reagiere mit einem schwachen Körpergefühl, was immer schwächer wird.
In mir macht sich das Erleben breit, dass die Pandemie / das Virus nicht mehr lange leben wird.
Ich bin sehr überrascht, weil die Inzidenzen zwar deutschlandweit zurückgehen, jedoch immer noch um die stattlichen 120 bis 170 Punkte liegen.
So schnell, wie ich es spüre, können die Inzidenzen nicht zurückgehen. Das sagt mir meine Erfahrung mit den Daten.
Was nun?

Ich schaue mir nochmal das Tageshoroskop an. Mein Auge fällt auf das Marssymbol 11° im Krebs, 10 H. Realisiere ich die Energie des Mars mit Krebs und 10 H., bemerke ich eine sanfte, angenehme autoritäre Kraft. Ich fühle mich gezwungen, zu ihr aufzublicken und ihr zu glauben. Ich bleibe noch eine kurze Zeit in der Energie. Ich bekomme das Gefühl von staatlichem Wohlwollen in sehr radikaler Form. Ich bleibe noch länger in der Energie, und die Marsenergie bekommt einen bösartigen, aggressiven Ausdruck mit autoritär – dummem Flair. Diese Energie breitet sich über die gesamte rechte Seite des Astrogramms aus, wo derzeit fast alle Planetenprinzipien stehen.

Was soll das?
Ich lehne mich zurück, lasse das gesamte Astrogramm „kommen" und erlebe die Energie.
Mars mit seiner staatlichen Energie überflutet alle anderen Informationen. Er blendet. Er ist ein Blender. Weitere Energien als die Marsenergie sind nur schemenhaft wahrnehmbar.
Ich lasse die Energien so lange wirken, bis sich ein vollständiges Sättigungsgefühl in mir breit macht und sich auflöst.
Das ist die Beschreibung eines vollständigen Prozesses mit der Anfangsfrage: Ist das Coronavirus im Tageshoroskop zu finden?

Was bringt das?
Man kann, wenn man sich auf die Energien des Tageshoroskops einlässt, zu überraschenden Ergebnissen kommen.
In diesem Prozess war es wichtig, nicht bei den ersten, sicherlich interessanten Informationen stehen zu bleiben,

sondern bis zur Auflösung des Themas durchzugehen.
Dann ist man im Weder – Noch.
Das heißt konkret: Weder hänge ich an der Information, noch lehne ich sie ab.

Erst dieser Zustand garantiert die Vollständigkeit und Bestätigung (Wahrheit?) des Wissens.
Erst dann kann man sicher sein, alle Informationen gesammelt und beieinander zu haben.
Anfängern empfehle ich, sich einen Zettel mit Schreibzeug griffbereit zu legen und sich Notizen zum Erlebten und dessen Abfolge zu machen. Das Erlebte wird bei der Vorgehensweise leicht vergessen, weil das jeweils Neue interessant, weil überraschend ist oder sein kann.
Damit habe ich mir ein Bild, einen Eindruck, die Wahrheit(?) von der derzeitigen Situation bezüglich Corona verschafft.
Jetzt ist mein Wissen um die Umstände größer, als ich zu Anfang der Konfrontation mit dem Tageshoroskop beabsichtigte. Ich stelle fest, die „zusätzlichen" Informationen sind für mich sehr wichtig, um einen qualifizierten Standpunkt einnehmen zu können.

Das ist eine Möglichkeit der Befundaufnahme mit dem Tageshoroskop, die ich zu Beginn des Textes intensiv empfohlen habe.
Ich könnte mir zusätzlich zu diesen Informationen aus meinem Geburtshoroskop Informationen für meinen klugen Umgang mit der Situation holen.
Mach ich jetzt nicht, weil ich meine, ich bin auch so klug genug, um mit der Situation adäquat umzugehen.

MEINE ANGST VOR CORONA

Werden wir doch mal sehr persönlich.
Gehen wir doch mal in den Kern der Angelegenheit.

Ich sterbe.
Ich werde sterben.
Sehr wahrscheinlich werden wir alle sterben.
Wahrscheinlich nicht sogleich, nicht in den nächsten Minuten oder Stunden.
Niemand kann mit Bestimmtheit sagen wann.
Dieses Wissen um die Sterbezeit haben wir kollektiv ausgeblendet.
(Hinweis: Mit dem Geburtshoroskop lässt sich der Todespunkt berechnen. Mit den Möglichkeiten der TA kann man den Tod in das Bewusstsein bringen.)

Tod ist eine Unabänderlichkeit.

Corona/Covid 19 bringt den Tod.
Das habe ich jedenfalls aus Presse, Funk und Fernsehen so entnommen. Ich habe es auch schon in der Nachbarschaft zu hören bekommen, dass Freunde von deren Bekannten an oder mit Corona gestorben sind.
Mir wurde vor Monaten gesagt, der erste Mensch, der hier in Krefeld an oder mit Corona gestorben ist, sei eine 95 Jahre alte Frau gewesen, die im Sterben lag, bevor das Virus sie erwischte. Der nächste war ein schwergewichtiger, an Diabetes erkrankter über 70-jähriger Mann. Der dritte ein 32-jähriger drogenabhängiger junger Mann.

Bis gestern (12. Mai. 2021) sind offiziell 137 Menschen (heutige Veröffentlichung der Stadt Krefeld) in Krefeld an oder mit Corona gestorben. Die Coronapandemie begann vor über einem Jahr. Das sind ca. 10 Verstorbene pro Monat bei einer Einwohnerzahl von rund 230.000 Menschen.
Das sind Fakten.
Wir werden alle sterben.
Das lässt sich nicht ändern.
Fast alle haben Angst vor dem Sterben, weniger Menschen haben Angst vor dem Tod.
Das höre ich immer wieder.
Wer an oder mit Corona stirbt, stirbt wahrscheinlich im Krankenhaus, begleitet vom Intensivmediziner und sediert mit Medikamenten.

Angst bräuchte man vor Corona, wenn man die nackten Zahlen sieht, eigentlich nicht zu haben. Ergänzend dazu: die Sterblichkeitszahlen für Deutschland (Quelle: Statistisches Bundesamt):
Im März 2016 starben insgesamt 83668
Im März 2017 starben insgesamt 82934
Im März 2018 starben insgesamt 107104
Im März 2019 starben insgesamt 86739
Im März 2020 starben insgesamt 87516
Im März 2021 starben insgesamt 81359

Man kann nicht von einer Übersterblichkeit, ausgelöst durch Corona, sprechen. Vielleicht haben wir sogar eine Untersterblichkeit wegen der Maskenpflicht. Masken schützen eventuell vor dem Grippevirus.

Zurück zum Thema: Angst vor Corona
Angst macht schwach.
Angst macht unkritisch.
Angst macht leichtgläubig.
Angst macht ...?

Hast Du Angst vor COVID 19?
Ja?
Nein?

Gleich was du meinst, was für dich gilt.
Tipp: Nimm dein Geburtshoroskop zur Hand.
Schwinge dich auf alle Energien ein.
Bleib in Kontakt mit ihnen, bis du das Erleben von Vollständigkeit hast.
Mache eine kurze Pause.

Tritt wieder in Kontakt mit deinem Geburtshoroskop und suche den Punkt:
„Meine Angst vor Corona."
Lass dir Zeit.
Atme gut und regelmäßig.
Sei gelassen.
Wo blickst du hin?
Blickst du auf einen Punkt in einen leeren Bereich, irgendwo im Astrogramm, ist es ein Planetenprinzip, ein Stellium, ein Beziehungsgeflecht von astrologischen Prinzipien, sind es einige zeitlich nacheinander geordnete Prinzipien, oder ist es „nur" ein Sternzeichen mit / ohne Häuserhintergrund?
Was macht den Punkt/Bereich besonders auffällig?

Warum bist du genau hier und nicht woanders „gelandet“?
Was ist der Inhalt dieses Punktes / Bereichs?
Hol dir Papier und Schreibzeug und mache dir Notizen, mit denen du dich später nochmal befassen kannst, wenn du möchtest.
Lass dich auf den Punkt / Bereich ein, soweit wie du es für dich vertreten kannst.
Mach zwischendurch immer wieder eine Pause.
Auch dann, wenn das Erleben nichts mit Angst zu tun hat oder zu haben scheint.
Lass das Erleben / die Informationen in dir sacken, mach erst weiter, wenn du mit ihnen klar bist und sie begriffen hast.
Wie du an meinen Aufforderungen sehen kannst, empfehle ich, recht vorsichtig im Umgang mit dieser Coronaangst zu sein. Das liegt an meinen Erfahrungen mit dieser Angst. Ich habe schon gestandene Menschen innerhalb weniger Sekunden vor Angst „grün im Gesicht“ werden sehen, und ihre Atmung ging entsprechend. Das muss bei dir nicht so werden.
Ich kenne Reaktionen wie:
„Ich bin von Liebe überflutet, wenn ich den Corona Angstpunkt erlebe. Liebe ist der Schutz vor der Angst.“ (Der Mensch machte dabei große Augen und zitterte vor Angst.)
„Ich nehme sie nicht wahr.“
„Ich nehme sie nicht wahr, deswegen existiert sie nicht.“
„Es ist nichts anderes als eine stumpfe, empfindungslose Fläche, die ich wahrnehme.“
„Es kommt gar nichts, ich spüre mich nicht mehr.“
„Die Angst steht mir bis zur Schädeldecke, und ich bekomme noch nicht einmal mit, wovor ich Angst habe.“
Was ist deine Angst?

Wie sieht sie aus?
Wie schmeckt sie?
Wo ist sie im Körper angesiedelt?
Wie stark ist sie?
Was macht die Angst allgemein mit mir?

Kannst Du feststellen, welche Auswirkung sie auf deine Atmung, deinen Blutdruck, den Kreislauf, die Muskeln, das Gehirn, das Denken und dein Gefühlsleben hat?
Lass dir die Zeit, um diese Dinge genau herauszufinden.
Sei dir im Klaren darüber, dass das alles subjektive Größen sind. Unserem Körper, Geist und unserer Psyche ist es egal, ob subjektiv gefühlt oder objektiv gemessen, die Folgen einer (dauerhaften) Angst sind absehbar.
Man kann auch den Punkt / Bereich im Geburtshoroskop finden, der signalisiert, was die Angst bisher körperlich, psychisch und geistig bewirkt hat. Wer sich auf den Weg zu dem Punkt macht, dem empfehle ich, ständig bewusst zu atmen, um die „Dinge" möglichst sanft in das Bewusstsein kommen zu lassen.

WAS HAT „CORONA" SONST NOCH BEWIRKT?

Das ist eine Frage, die ins absolute Blaue zielt und trotzdem mit Hilfe des persönlichen Geburtshoroskops beantwortet werden kann.
Die Strategie des Herausfindens (Fachwort: Exploration) dürfte genügend bekannt sein.
Das kann von der Vertiefung oder Änderung der Lebenshaltung, über die Entwicklung einer politischen Haltung, eine Depression, Verzweiflung oder einer „jetzt erst Recht Hal-

tung", bis zu einer schier nicht enden wollenden persönlichen Biestigkeit gehen.

Finde heraus, was „sonst noch" durch die Coronathematik in dein Leben gekommen und anders geworden ist.
Finde heraus, was weitere Folgen der Veränderungen durch die Coronapandemie sind.
Mache es langsam, mache es aufmerksam, bewusst und bleibe innerlich wach. Desto klarer sind die Ergebnisse und, darauf werden wir noch zu sprechen kommen, die Handlungsmöglichkeiten.

Neben der Angst können Depression, Verzweiflung, Perspektivlosigkeit, Wut, Verachtung, Ignoranz, aber auch Selbstbewusstsein, Kreativität, das Bankkonto, Freundschaften, der differenziertere Umgang mit dem Internet, und, und ... in dieser Zeit mit diesen Bedingungen gewachsen sein.
Es lohnt sich, sich dessen bewusst zu werden, weil das ein bewussteres und selbstbestimmteres Leben mit sich bringt.

WOHER KOMMT DIE ANGST WIRKLICH?

Das ist eine diffizile und nur scheinbar leicht zu beantwortende Frage, so meine Erfahrung.

Hier besteht die Möglichkeit, sich mit schnellen Antworten zufrieden zu geben. Besserwisserei, politische Vorurteile, Beeinflussung durch Funk, Fernsehen, Presse, Meinungen der Kollegen, Freunde, Nachbarschaft (sozialer Druck) kann man das schnell benennen.

Ob es so war oder ist oder ob dies nur eine schnelle Meinung ist, möchte ich an der Stelle offenlassen.
Oberflächlich ist es so, dass das Zusammenwirken unterschiedlicher Faktoren eine Rolle spielt.

Doch halt!
Es gibt Faktoren, die unauffällig und trotzdem massiv wirken.

Schwinge dich innerlich auf die Vorgabe ein:
Daher kommt die Angst (im Zusammenhang mit Covid 19).
Hole dir die Information aus deinem Geburtshoroskop.

Es können mehrere Bereiche / Punkte sein, die Informationen können sich, wenn man die Übung an aufeinanderfolgenden Tagen macht, inhaltlich und in der Intensität ändern.
Früher oder später wirst du an einem Punkt, in einem Bereich hängenbleiben und erkennen, dass er der Dreh- und Angelpunkt der Herkunft der Angst ist.

Was ich jetzt und allgemein sagen kann: Es ist sehr persönlich, und wenn du mit dir ehrlich bist, ist dir der das Thema sehr gut bekannt.

Wer möchte, ich empfehle es, nimmt das derzeit geltende Tageshoroskop zur Hand, lasse sich auf die gesamte Energie des angezeigten Augenblicks ein, mache eine kurze Pause, und suche im Tageshoroskop den Punkt / den Bereich, der signalisiert, woher die Angst wirklich rührt. Es ist zwar „nur" ein Symbol / Punkt / Bereich, mit dem man kontak-

tet, doch wenn du dich darauf einlässt, kann und wird dir wahrscheinlich auch die Information in den Sinn kommen, woher die Angst im Verlauf der Coronapandemie (im Außen) kommt. Du kannst erfahren, wer oder was sie sponsert, wie sie hauptsächlich „transportiert" wird und wer oder was wirklich Interesse an der Angst und ihrer Verbreitung hat.
Lasse dir für die Exploration die nötige Zeit.
Nimm dir das Thema an unterschiedlichen Tagen vor. Ich gehe davon aus, dass dabei auch unterschiedliche und tiefere Einsichten möglich sind.
Tipp: Notiere dir die Informationen von Beginn an.

Was kann man nun tun oder lassen mit dem ganzen angesammelten Wissen?
Bevor wir dazu kommen, noch ein Ausblick in die Zukunft.

DAS WIRD SICH MIT DER CORONATHEMATIK DAUERHAFT VERFESTIGEN:

Das könnte ein Ausblick in die Zukunft sein, ist es jedoch nicht.
Es ist ein Blick in den jetzigen Zustand, aus einem speziellen und, wie ich finde, sehr wichtigen Blickwinkel.

Was bleibt mir, was bleibt uns durch die Coronapandemie persönlich, bzw. gesellschaftlich dauerhaft erhalten? Was ist so gravierend (gewesen), dass es voraussichtlich – wenn man nicht deutlich einschreitet – im Persönlichen und Kollektiven haften bleibt?

Es ist auch die Frage: Wie hat diese Thematik mich persönlich und die Gesellschaft nachhaltig verändert?
Die Coronazeit, das lässt sich jetzt schon sagen, hat die Menschen in vielerlei Hinsicht verändert. Ob alle diese Veränderungen von Dauer sind, ist damit noch nicht gesagt. Das ist klar.

Bei meiner obigen Themenstellung geht es um Veränderungen, die sehr wahrscheinlich nicht rückgängig gemacht werden, nicht rückgängig gemacht werden können,
- weil man es nicht möchte,
- weil man sie unbemerkt in das eigene Leben integriert hat oder
- weil sie unmerklich in das kollektive Gedächtnis aufgenommen und umgesetzt wurden.

Man kann das herausfinden, indem man die richtigen Fragen dazu stellt.

Man geht in der schon bekannten Art und Weise mit dem persönlichen Geburtshoroskop und dem Tageshoroskop vor. Es kann sein, dass man mit dem gesamten Astrogramm in seiner Gesamtheit in Resonanz kommt. Das ist dann der Fall, wenn der bleibende Einfluss auf das gesamte persönliche (Geburtshoroskop) oder allgemeine Energiefeld (Tageshoroskop) eine nachhaltige Veränderung bewirkt hat.

Ich nehme an, dies ist meist nicht so einfach in das Erleben und damit in das Bewusstsein zu lassen, weil es entsprechend umfangreich bis bombastisch sein kann. Zudem ist es wahrscheinlich auch nicht so einfach zu akzeptieren, dass dieser Einfluss dauerhaft sein soll.

Wichtig ist, dass man nicht nur die Veränderungen als solche wahrnimmt, sondern auch die potenziellen Folgen, die der veränderte Zustand mit sich bringt, in Betracht zieht.
Erst so kann man die Relevanz genauer abschätzen.

DAS IST MEINE PERSPEKTIVE IN UND NACH DIESER CORONAZEIT

Eine Perspektive zu haben ist eine wichtige Sache für Menschen, ob sie Ziele, helle oder dunkle, graue oder gemischte Aussichten haben. Es hat gravierenden Einfluss auf die Vitalität, die Lebensqualität, das Sozialverhalten, auf die Gesundheit und auf das gesamte Leben.

Um es einzuschätzen, möchte man z.B. gerne wissen, wie lange die Coronathematik, die Coronapandemie, das Interesse an Corona oder die Schutzmaßnahmen der Regierungen anhalten.

Du hast richtig gelesen, ich unterscheide das gesamte Coronafeld in vier Bereiche, die zwar zusammenhängen, die man aber auch unabhängig voneinander sehen sollte, meine ich. Das Interesse der Pharmaindustrie ist größtenteils anders gelagert als das des Arztes, der Kleinunternehmer denkt an andere Dinge als der Politiker, der Reiche hat einen anderen Blick auf die Verhältnisse als der alleinerziehende Mensch mit Sozialhilfe und zwei Kindern.

Das Ding mit der Perspektive lässt sich nur unterschiedlich behandeln.

Machen wir es.

„Wann ist das Ganze vorbei?"

Es gibt Astrologen, die Berechnungen angestellt haben und das Ende auf Ende März 2021 sahen, wiederum andere, so ist mir irgendwo im Internet untergekommen, sehen das Ende im Herbst 2025 und wieder andere im Herbst 2027. Worauf sind die Berechnungen bezogen?

Das Virus selbst?
Die Maßnahmen der Politik?
Das Interesse der Pharmaindustrie? (Ausrottung des Virus)
Das Erleben der Bevölkerung?

Was denn nun?
Was wurde denn da genau berechnet?
Wenn ich die oben von mir genannten Begriffe „Coronathematik", die „Coronapandemie", das „Interesse an Corona" und die „Schutzmaßnahmen der Regierungen" zugrunde lege, kann jede Berechnung, außer der für März 2021, stimmen. (Ab 2027 sind wir schlauer).
Insofern ist die Frage: „Wann ist die Coronathematik überwunden" nicht zielführend. Vielleicht wird das Thema Corona unsere lebenslange Begleitung sein?
Aus allem schließe ich: Ich sollte meine Perspektive nicht an das Ende der Coronazeit binden.

Was hat es denn auf sich mit „Perspektive haben"?
Es ist einfach und doch so schwer
Ich mache, was ich jetzt kann und möchte - unabhängig von Corona.
Ich lasse mich möglichst nicht mehr beeinflussen.
Wenn ich an Grenzen stoße, werde ich es schon bemerken, oder man wird es mir sanft oder unsanft vermitteln.

Erkenne Dich selbst und deine Situation.
Tu, was du willst.
Nichts im Übermaß.
Wem das bekannt vorkommt ...?

Klar, das ist eine uralte Empfehlung für Menschen, die sich selbst erfahren und gut und anständig leben wollen.
Ich kann sie nur weitergeben und empfehlen, sich daran zu halten. Bisher bin ich persönlich immer damit gut gefahren.
Das ist mein Credo und mein Appell an meine Mitmenschen.
Man mag sich fragen, wie man den Empfehlungen speziell in Coronazeiten folgen kann.
Wie ist das möglich?
Ich habe im vorhergehenden Text schon viele Möglichkeiten aufgezeigt, wie man sich selbst und seine Situation mit Hilfe der Astrologie, insbesondere der Transformatorischen Astrologie, besser erkennen und einschätzen kann.

Man kann sich treiben lassen, man kann sich von den Bedingungen führen lassen, man kann auch bewusst, mit seinen Möglichkeiten, mit Spaß eingreifen und gestalten.

Hole dir aus deinem Geburtshoroskop deine persönliche Art!

Nimm dein Geburtshoroskop zur Hand schwinge dich auf die gesamte Energie ein.
Kleine Pause.
Hole dir den Sensitiven Punkt oder Bereich im Astrogramm: „Das kann ich in der Coronazeit zu meinem und zum Vorteil vieler tun." und setze dich in der bekannten Art und Weise mit den Informationen / der Energie auseinander.
Entscheide, was du tun willst.

- Altes beenden?
- Bestehendes nutzen?
- Neues schaffen?

TRANSFORMATION

Die Gedankenwelt der Alchemie und der Versuch, die Transformation der Elemente / Materie einzuleiten, ist uralt. Die weit und breit bekannteste Art ist die griechisch-arabisch-mittellateinische Alchemie, in der der Versuch gestartet wurde, aus Blei Gold zu machen.
Alchemie ist, so kann man auf Wikipedia lesen, „ab dem 1./2. Jahrhundert die Lehre von den Eigenschaften der Stoffe und ihren Reaktionen". Alchemistisches Bemühen ist auch schon aus dem Alten Ägypten bekannt.
Mehr unter: https://de.wikipedia.org/wiki/Alchemie.

Man sagt Alchemisten nach, sie hätten Blei zu Gold machen wollen.
Der Grund scheint das gleiche spezifische Gewicht der beiden Elemente und der Trug(-schluss) gewesen zu sein, dass deswegen der Prozess der Goldproduktion einfach wäre.

Die Behauptung, aus Blei Gold machen zu wollen, kann auch eine Schutzbehauptung gewesen sein. Ein Schutz vor der Verfolgung der katholischen Kirche und ihrer Helfer.
Der Begriff „Blei zu Gold machen" deutet auf einen anderen Lehrspruch aus der Mystik hin. Der Spruch heißt: „Wie unten, so oben."
Das klingt geheimnisvoll, und so ist es auch gemeint.
Hinter „wie unten, so oben" und „aus Blei Gold machen" steckt das gleiche Geheimnis.
Es ist der Hinweis darauf, dass ein „bleierner" Mensch (unten) genauso viel wiegt wie ein „goldener" Mensch (oben).

Beide sind sich in der äußeren Erscheinung gleich oder ähnlich.
Man kann hier inhaltliche Bewertungen vermuten. Das war in der Alchemie genau so gemeint.
Dem „bleiernen“ Menschen wurden Brutalität, Primitivität, Dumpfheit, Nichtwissen und Einfachheit zugeordnet, dem goldenen Menschen wurden Würde, Vitalität, Feinsinnigkeit, Bildung, Wachheit, Weisheit und auch eine bestimmte Art der Einfachheit zugeordnet.

Wer sich in der Kunst der Analogiebildung auskennt, wird feststellen, dass Vitalität und Feinsinnigkeit höhere Formen der Brutalität und Primitivität sind.
Zwischen den Lebensebenen der Brutalität / Primitivität und anderseits der Vitalität / Feinsinnigkeit liegt ein langer Weg mit vielen Stufen des Lernens und der Bewusstwerdung.

Die Aussage ist provokant: Ein bewusster Mensch ist wertvoller (goldwert) als ein unbewusster (bleierner) Mensch.
Ein schwerer, brutaler, stumpfer, dumpfer Mensch hat es schwerer im Leben als ein gebildeter, wacher, feinsinniger, „goldener“ Mensch, obwohl sie ähnlich aussehen und wirken und „das gleiche spezifische Gewicht“ haben.

Der Mensch, der „oben“ ist, kann ähnlich aussehen wie der Mensch, der „unten“ ist. Die Kleidung, das Geld, die gesellschaftliche Position sagen nichts darüber aus, ob der Mensch wertvoll oder nicht im Sinne des alchemistischen Verständnisses ist.

Den Prozess von Blei zu Gold nennt man auch Transformation. Die Techniken der Transformatorischen Astrologie habe ich bewusst so gebaut, dass Transformation von Blei (schwerem, problembehafteten Leben) zu Gold (bewusstem, kompetentem, freiem Leben) unterstützt wird. Um den Weg der Transformation zu gehen, braucht man Hilfsmittel. Dazu habe ich spezielle Techniken entwickelt und Prinzipien zusammengefasst.

Selbsthilfe
Eigenverantwortlichkeit
Selbsterfahrung
Erlebenzentriert
Klientenzentriert
Kongruenzprinzip
Bewusstheitsorientiert

- Natürlich geht Selbsthilfe mit Eigenverantwortlichkeit einher.
- Astrologische Selbsthilfe heißt, dass der Fragende/ Klient Interesse daran hat, sich selbst mit Hilfe der Astrologie zu helfen und (nach einer Einführung in die Techniken) für sich, seinen Weg und seine Ergebnisse die Verantwortung übernimmt.
- Er lässt sich auf die Selbsterfahrung der astrologischen Energien bewusst ein.
- Der Erfahrungs- und Wissensschatz entsteht aus dem Erleben und Verarbeiten des Erlebens der Inhalte der astrologischen Energien.
- Klientenzentriert heißt, dass nicht die ideologische oder

religiöse Orientierung und die Vermittlung des Wissens des astrologischen Beraters im Zentrum steht, sondern die Bedürfnisse und die Orientierung des Klienten.

- Nur wer lebt, kann erleben. Wer erlebt, kann besser leben. Wer bewusst erlebt, kann sich und sein Leben mit Sinn und Perspektive erweitern und gestalten.
- Der Berater / Begleiter in der Transformatorischen Beratung achtet auf die Erlebenskongruenz der Aussagen des Klienten mit den astrologischen Prinzipien und auf die Kongruenz der Erlebniswelt des Klienten mit seinen Aussagen.
- Bewusstwerdung ist das A & O für den Prozess der Transformation.
- Erspüren, Erleben, Verstehen, Bewusstwerdung, Bewusstsein sind Stufen zur Bewusstheit. Erleben ist auf allen Stufen die Notwendigkeit, Tätigkeit und das Geschehen. Transformation ist der Weg vom Bewusstsein zu höherem Bewusstsein, um zum nächsthöheren Bewusstsein, zur Bewusstheit zu kommen.

Die Bezeichnung Transformatorische Astrologie habe ich gewählt, weil ihre Techniken und ihr Impetus Transformation ist.

DIE PRAXIS DER TRANSFORMATION

Wer die Anleitungen zu den Übungen aufmerksam gelesen und sie in die Praxis umgesetzt hat, kennt einige Schritte im Transformationsprozess. Der setzt automatisch und unmerklich ein, wenn ein Mensch in ein bewusstes Erleben eintritt.

Wer länger im Erleben des thematisch adäquaten Bereichs geblieben ist oder eine Pause gemacht hat und am nächsten Tag nochmals eingestiegen ist, konnte sicherlich feststellen, dass die Informationen sich zwar nicht im Prinzip, aber im Flair, in der Intensität im Gehalt und im Schwingungsniveau geändert haben. Man kann feststellen, dass durch den Prozess die Inhalte, der Ausdruck und auch das Erleben leichter wurden. Man kann feststellen, dass die Folgen der Veränderungen sozialer, kreativer und sich im weitesten Sinne in Richtung „gesunder" entwickelt haben.

Es sind immer die gleichen Schritte sinnvoll und notwendig:

- Man nimmt ein Thema in den Sinn.
- Man sucht den energetisch im Geburtshoroskop zugehörenden Sensitiven Punkt / Bereich, das Planetenprinzip, etc.
- Man nimmt Kontakt mit den Inhalten auf.
- Man lässt sich auf die Informationen / den energetischen Inhalt des Sensitiven Punktes/ Bereichs ein.
- Man erlebt (mit Pausen) alles, was mit dem anfangs gewählten Thema korrespondiert.
- Falls der Prozess zu intensiv wird, unterbricht man ihn.
- Man sollte sich immer wieder mit den Erfahrungen befassen und deren Bedeutung für das „normale tägliche Leben und das Leben überhaupt" körperlich, emotional und geistig verstehen.
- Das Thema, die Energie, die Informationen sind endgültig transformiert, wenn der Zustand des Weder - Noch eintritt.

Man ist frei vom Thema und kann es „objektiv" erkennen und mit ihm umgehen, falls nötig.

ALLGEMEINE TIPPS FÜR DEN TRANSFORMATIONSPROZESS:

Der Prozess kann beliebig oft und lange unterbrochen werden.

Das Thema arbeitet sehr wahrscheinlich innerlich weiter.

Bewusst und „gut" atmen.

Innerlich wach bleiben.

Verstehen und für die Sache und sich selbst Verständnis entwickeln.

Sich selbst auch außerhalb der Übungen beobachten.

DAS ZIEL

Das Ziel der Transformatorischen Astrologie ist es, ganz zu sein. Es ist, ein ganzes, ungeteiltes Bewusstsein zu entwickeln.

Ein anderer Name ist Bewusstheit > ohne jegliche Adjektive.

Noch nicht einmal das reine Bewusstsein.

Das ist die Ebene des Weder - Noch.

Das ist die reine Energie, ungefärbt, ohne Struktur und Inhalt.

Das Bewusstsein!

GRENZEN UND NUTZEN

Wer tiefer in die Transformatorische Astrologie einsteigen möchte, wird auf der Seite: http://astrologieschule-krefeld.de/ inspirierende Artikel und Themen mit Impulsen, Übungen und die Möglichkeit zur Kontaktaufnahme finden.

Selbstverständlich nutzt jeder auf eigene Verantwortung die vorgestellten Übungen.

Natürlich ersetzen die Übungen keine medizinische Behandlung. Diagnosen werden auch nicht erstellt.
Menschen mit psychischen Leiden sollten die Techniken der Transformatorischen Astrologie nicht oder nur mit fachkundiger Begleitung praktizieren.

ÜBER DIE UNVERNUNFT, DAS CORONA-PHÄNOMEN NICHT ZU NUTZEN

Das Leben gestalten, anstatt vor den Bedingungen nachhaltig beeinflusst oder sogar verbogen werden.
Wäre das nicht auch was für dich?
Das ist mit der Transformatorischen Astrologie möglich und machbar.
Nimm, wie inzwischen gewohnt, dein Geburtshoroskop zur Hand, schwinge dich auf die Energien ein. Lass dir Zeit und mach es mit viel Gefühl.
Lass die Energien wirken, so lange wie du möchtet oder bis du das Gefühl hast: „Es reicht."
Mach eine Pause und lasse deine Erfahrung sacken.
Nach der Pause hole dir den Sensitiven Punkt, den Bereich, in dem dein Wissen angelegt ist, wie und wofür du die Coronazeit, die Coronabedingungen und die gesamte Coronathematik nutzen kannst.
Lass den Punkt / den Bereich so lange wirken, bis du ihn so weit wie du möchtest, verstanden und integriert hast. Wenn du bis zur vollständigen Integration gehst, wird der Punkt / Bereich „verschwunden" sein, und dir wird es leichtfallen, dich an den Tipp zu erinnern.
Diese Übung mache ich jetzt beispielhaft. (Die Ergebnisse sind nicht spektakulär oder revolutionär. Sie sind genau passend zu meiner Person, meinen Bedürfnissen und meinem Bedarf.
Das finde ich revolutionär!
Ich bekomme die absolut passenden Tipps zu meiner Situation!

Wo kann ich sonst in der astrologischen Beratung davon ausgehen, dass die Tipps / Inspirationen passgenau stimmig sind?)
Ich finde „meinen“ Sensitiven Punkt zu dieser Thematik im Wassermann genau auf 25°, 11. Haus.
Ich lasse mich darauf ein und erfahre, dass ich mit und unter den derzeit mich bewusst oder unbewusst belastenden Bedingungen sehr gut und erfolgreich atmen üben kann. Der Sinn und Zweck kommt mir sogleich mit in den Sinn: Die Belastung ist wie ein Trainingsgewicht. Mit dem Atemtraining bleibe ich noch besser bei mir. So kann ich mit jedem Atemzug bewusster und anwesender werden und bleiben.
Außerdem bin ich von Kopf bis Fuß besser mit Sauerstoff versorgt.
Wenn das keine exzellenten Vorteile sind?
Eine sehr einfache Übung. Sie ist jederzeit ohne großen Aufwand möglich und hat mehrere exzellente Ergebnisse.
Mit der Atemübung habe ich auch keine Lust und Zeit, über die Coronasituation im Einzelnen und Generellen zu schimpfen. Mir steht durch die bessere Atmung mehr Kraft zur Verfügung, die ich gerne sinnvoll einsetze.

Du hast noch eine weitere Möglichkeit, die Coronazeit gut und sinnvoll zu nutzen:
Besorge dir immer wieder das aktuelle Tageshoroskop. Mit dem kannst du das Wissen und Tipps, die für dich im Außen greifbar sind, abrufen.
Nimm es zur Hand, schwinge dich auf die Energien ein. Lass dir Zeit und mach es mit viel Gefühl für dich und deine Erfahrungen.

Lass die gesamten Energien wirken, so lange wie du möchtet oder bis du das Gefühl hast: „Es reicht."
Mach eine Pause und lass deine Erfahrung sacken.
Nach der Pause hole dir den Sensitiven Punkt, den Bereich, usw. ... in dem das im Außen vorhandene Wissen angelegt ist, wie und wofür du die Coronazeit, die Coronabedingungen und die gesamte Coronathematik nutzen kannst.
Lass den Punkt / den Bereich so lange wirken, bis du ihn so weit wie du möchtest integriert hat. Wenn du bis zur vollständigen Integration gehst, wird der Punkt / Bereich „verschwunden" sein, und dir wird es leichtfallen, dich an den Tipp zu erinnern.
Ich habe gute Erfahrungen mit dem Tipp aus meinem Geburtshoroskop gemacht. Das motiviert mich, die Übung auch mit dem Tageshoroskop zu machen.
Mein Blick fällt auf das Mondsymbol. Ich lasse mich auf die Energie ein und „sehe" ein Bild, wie ich heute noch spazieren gehe.
Es ist ein strammer Spaziergang mit bewusstem tiefen Atmen. Ich spüre, wie gut ein solcher Spaziergang mir täte. Der Spaziergang sollte so lange dauern, bis ich leicht von Kopf bis Fuß mit Schweiß überzogen bin.
Was hat das mit der Coronathematik zu tun?
Zunächst einmal nichts, so scheint es, denn ein Spaziergang ist mit und ohne Coronazeit möglich. Und doch ist ein solcher Spaziergang gerade derzeit spürbar und nachvollziehbar sinnvoll.
Ich bin und bleibe aktiv, spüre mich besser, bin der Welt zugewandt und „tue was" für mich, meine Abwehrkräfte und meine gesamte Gesundheit.

DAS DERZEIT WICHTIGE

Das ist auch schon der Titel des Sensitiven Punktes oder Bereiches.
Zur Erinnerung:
Dieser Punkt / Bereich kann und wird sehr wahrscheinlich von Zeit zu Zeit den Ort im Astrogramm wechseln.
Alle Tage kann ein anderer „sich melden“. Kommt immer wieder der gleiche Punkt, die gleiche Region, solltest du in dich gehen und dir klar werden, warum das so ist.
Nimm dich ernst und den Inhalt nicht auf die leichte Schulter. Das könnte der wichtigste Punkt, die wichtigste Erfahrung, die beste Idee deines Lebens sein.

CORONA UND DER SENSITIVE PUNKT DER SELBSTERHALTUNG

Kommen wir zur Coronathematik zurück.

Nimm dir dein Geburtshoroskop zur Hand.
In deinem Geburtshoroskop ist auch der Sensitive Punkt „Selbsterhaltung“ enthalten.
Er ist sicherlich berechenbar, wir hier in der Transformatorischen Astrologie gehen nach Themen und Energien.
Jedes menschliche Thema ist als Energiepunkt oder Energiefeld im Horoskop angelegt.
Man muss nur sensibel genug sein, um es zu finden.
Dazu ist wieder diese Vorgehensweise empfehlenswert:
Schwinge dich auf die Energie deines gesamten Horoskops ein und erlebe alle Energien gleichzeitig.
Nun mach eine Pause.
Dann nimmst du das Thema „Selbsterhalt“ in den Sinn und lässt dich zu dem Sensitiven Bereich oder Sensitiven Punkt leiten.
Die Energie dieses Bereichs / Punktes kannst du in Form von Gedanken, Erkenntnissen, Gefühlen, Bildern oder Tipps erleben. Es können unterschiedliche Informationen sein.
Lasse die Energie in dir wirksam werden.
Beende die Übung, wenn dir das Erleben zu intensiv wird oder „es“ dir reicht.
Wenn Du möchtest, mach die Übung einige Zeit, einige Tage später nochmal. Vergleiche die Inhalte, schau dir bewusst die Ergebnisse an.

Die Transformation besteht darin, in einem Prozess vom derzeitigen Niveau des Selbsterhalts über einen guten, zu einem klugen sich selbst organisierenden und adäquaten Selbsterhalt auf allen Ebenen zu kommen.

DER GLÜCKSPUNKT UND CORONA

Im Glückspunkt ist die Information enthalten, wie du dauernd glücklich und sinnvoll mit Covid 19 und der Gesamtsituation und allen Implikationen umgehen kannst.
Hol dir die Energie und die Informationen des Glückspunktes, verstehe und integriere sie. Es kann dir nur Glück bringen, wenn du die Information akzeptierst und in dein Leben bringst.

Ich habe diese und andere Übungen vorgestellt. Du hast deine Verantwortung für die Durchführung der Übungen und deren Ergebnisse.

ANHANG

ÜBER DEN AUTOR

Selten gestresst, fast immer – bis auf die Ruhezeiten – aktiv.
Lachen ist eine meiner liebsten Beschäftigungen.
Astrologie ist wunderbar.
Die Transformatorische Astrologie, astrologische Beratungen, Unterricht in Transformatorischer Astrologie und ihre weitere Entwicklung sind mir ein Lebensspaß und bringen mir die Freiheit, die ich meine.

Meine Frau und ich befassen uns zudem in Büchern und in der Praxis mit der Reinkarnationsthematik.
Online in Einzelsitzungen und Seminaren.
Wer Interesse hat, melde sich.

BERATUNG, WEBINARE & FORTBILDUNGEN:

Wöchentlich finden Arbeitsgruppen und Fortbildungen zur Transformatorischen Astrologie statt.

Die Seite für Onlinetreffen, Onlineseminare:
https://teschler-event.de

Vereinbaren Sie den ersten Beratungstermin!
http://astrologieschule-krefeld.de/

KONTAKTAUFNAHME

Frauke und Wilfried Teschler
Petersstraße 88
47798 Krefeld
02151 / 3506782
02151 / 9490009
Mail: info@teschler.info

INTERNET

Der Blog und viele Informationen zur Transformatorischen Astrologie
http://astrologieschule-krefeld.de/

Bücher, Texte, Videos zur Transformatorischen Astrologie und Reinkarnationstherapie
https://teschler-verlag.de/

Unsere Reinkarnationstherapie:
https://reinkarnationstherapie-online.de

VIDEOS

Auf der Seite: https://teschler-verlag.de/ findest du Videos zum Thema Transformatorische Astrologie

BÜCHER UND TEXTE

ASTROLOGIE

Astroenergie - Einführung in die Transformatorische Astrologie - Wilfried Teschler

Jedes Geburtshoroskop ist ein Spiegel der grundsätzlichen Themen eines Menschen. Schaut man in diesen Spiegel, kann man dessen Informationen unmittelbar in Erfahrung bringen. Man bekommt die Möglichkeit, sich besser zu verstehen, Konfliktfelder zu erkennen und sie zu transformieren.

ISBN: 978-3-939578-55-0

Taschenbuch: 7,80€

REINKARNATIONSTHERAPIE

Der ewige Mensch – Reinkarnation aus neuer Sicht
Frauke und Wilfried Teschler

Ein Buch voller Geschichten rund um die Frage der Reinkarnation, der Wiedergeburt und ihrer Bedeutung für unser heutiges Leben. Der Leser lernt anhand von Beispielen aus der Reinkarnationstherapie, verschiedene Arten von Inkarnationen kennen und die Auswirkungen für das jetzige Leben nachzuvollziehen.

ISBN: 978-3-939578-54-3

Taschenbuch 11,80€ E-Book: 5,80€

Sieben gute Gründe, sich mit Reinkarnation zu befassen
Frauke Teschler

Der Gedanke der Reinkarnation fasziniert Menschen seit Jahrtausenden. Auch in unserer Gesellschaft nimmt das In-

teresse an ihm mehr und mehr zu, doch welche Fragen/Themen können in der Auseinandersetzung mit vergangenen Leben beantwortet werden und welche nicht?
E-Book: 5,80€

Und ein Buch zu einem besonderen, der Reinkarnationstherapie assoziierten Thema:

Epigenetik trifft jeden - geerbte Probleme lösen
Die gute Nachricht der Epigenetik ist: Wir können unser Erbgut ändern, wir sind einer erblichen Belastung nicht ausgeliefert. Das ist eine wunderbare Errungenschaft, die die Autoren anhand der Auseinandersetzung mit epigenetischen Inkarnationen erstmalig vorstellen.
E-Book: 5,80€